Présages et Prophéties

Le texte original en ancien français des célèbres vérités et maximes de Nostradamus

Michel de Nostredame

Nostradamus

6001 à 6004

6001

Iournée, diete, interim, ne concile,
L'an paix prepare, peste, faim, schismatique,
Mis hors dedans, changer ciel, domicile,
Fin du congé, reuolte hierarchique.

6002

Rompre diette, l'antiq sacré r'auoir
Dessoubs les deux, feu pardon s'ensuiure,
Hors d'armes Sacre : long Rouge voudra avoir,
Paix de neglect, l'Esleu le Vefue viure.

6003

Fera paroir esleu de nouueauté
Lieu de iournée, sortir hors des limites
la bonté feinte de changer cruauté,
Du lieu suspect sortiront trestous vistes.

6004

Du lieu esleu Razes n'estre contens :
Du lac Leman conduite non prouuée,
Renouueller on fera le viel temps,
Espeuillira la trame tant couuée.

6005 à 6008

6005

Pache Allobrox sera interrompu,
Derniere main fera forte leuée,
Grand coniuré ne sera corrompu.
Et la nouvelle alliance approuuée.

6006

Feu viril chassé par la nouuelle flamme,
A la parfin sera ce qu'il estoit
Peur, hors du siege, en ioye la grand Dame
Et non tenu tout ce qu'il prometoit.

6007

Longue crinite leser le Gouuerneur,
Faim, fièure ardante, feu & de sang fumée,
A tous estats Iouiaux grand honneur,
Sedition par Razes allumée.

6008

Peste, faim, feu & ardeur non cessée,
Foudre, grand gresle, temple du ciel frapé,
L'edict, arrest, & grieue loy cassée,
Chef inuenteur ses gens & luy hapé.

6009 à 6012

6009

Priuez seront Razes de leurs harnois :
Augmentera leur plus grande querelle,
Pere Liber deceu fulg. Albanois,
Seront rongées sectes à la moelle.

6010

Sera receuë la requeste decente,
Seront chassez & puis remis au sus,
La Grande Grande se trouuera contente,
Aueugles, sourds seront mis au dessus.

6011

Ne sera mis, les Nouueaux dechassez,
Noir & de LOIN & le Grand tiendra fort,
Recourir armes, Exilez plus chassez,
Chanter victoire, non libres reconfort.

6012

Les deuls laissez, supremes alliances,
Raze Grand mort, refus fait à l'entrée :
De retour estre, bienfait en oubliance,
La mort du iuste à banquet perpetrée.

6100 à 6103

6100

Le Roy Roy n'estre du Doux la pernicie,
L'an pestilent, les esmeus nubileux,
Tien' qui tiendra, des Grands non leticie,
Et passera terme de cauilleux.

6101

… naistre nay, refuse, dur fait
… emprinse, de changement refus
… rne, puis descouuert au faict,
… ent assailly, mort confus.

6102

Renfort de sieges manubis & maniples
Changez le sacre & passe sus le prosne,
Prins et captif n'arreste les prez triples
Plus profond mis, eslevé, mis au trosne.

6103

Au pied du mur le cendré cordigere,
L'enclos liuré foulant caualerie
Du temple hors Mars & le Falcigere
Hors mis, demis & sus la resuerie.

6104 à 6107

6104

Le temps purgé, pestilente tempeste,
barbare insult, fureur, inuasion,
Maux infinis par ce mois nous apprestre,
Et les plus Grands, deux mois, d'irrision.

6105

Ioye non longue, abandonné des siens,
L'an pestilent, le plus Grand assailli,
La Dame bonne aux champs Elysiens,
Et la plus part des biens froid non cueilli.

6106

Courses de LOIN, ne s'aprester conflits,
Triste entreprise, l'air pestilent, hideux,
De toutes parts les Grands seront afflits,
Et dix & sept assaillir vint & deux.

6107

Repris, rendu, espouuanté du mal,
Le sang par bas, & les faces hideuses,
Aux plu sçauants l'ignare espouuantal :
Perte, haine, horreur, tomber bas la piteuse.

6108 à 6111

6108

Mort & saisi, des nonchalans le change
S'eslongnera en s'approchant plus fort,
Serrez vnis en la ruine, grange,
Par secours long estonné le plus fort.

6109

L'Occident libre les isles Britanniques
Le recongneu passer le bas, puis haut
Ne content triste Rebel. Corss. Escotiques
Puis rebeller par glus & par nuict chaut.

6110

Gris, blancs & noirs, enfumez & froquez
Seront remis, demis, mis en leurs sieges,
les Rauasseurs se trouueront moquez :
Et les Vestales serrées en fortes riegges.

6111

La stratageme simulte sera rare
La mort envoye rebelle par contree
Par le retour du voyage Barbare
Exalteront la protestante entree.

6112

6112
Vents chaut, conseil, pleurs & timidité
De nuict au lict assailly sans les armes,
D'oppression grande calamité,
L'epithalame conuerty pleurs & larmes.

6200 à 6203

6200

Saison d'hiuer, ver bon, sain, mal esté,
Pernicieux auton, sec, froment rare,
Du vin assez mal yeux faits molesté
Guerre, mutins seditieuse tare.

6201

Desir occult pour le Bon paruiendra,
Religion, paix, amour & concorde,
L'epithalame du tout ne s'accordra,
Les haut qui bas, & haut mis à la corde.

6202

Pour Razes Chef ne paruiendra à bout,
Edits changez les serrez mis au large,
Mort Grand trouué moins de foy bas debout,
Dissimulé, transi frapé à bauge.

6203

Esmeu de LOIN, de LOIN prés minera,
Pris, captiué, pacifié par femme,
Tant ne tiendra comme on barginera
Mis non passez oster de rage l'ame.

6204 à 6207

6204

De LOIN viendra susciter pour mouuoir,
Vain decouuert contre peuple infini,
De nul congneu le mal pour le deuoir,
En la cuisine trouué mort & fini.

6205

Rien d'accordé, pire plus fort & trouble,
Comm'il estoit, terre & mer tranquiller,
Tout arresté ne vaudra pas vn double,
Dira l'iniq, Conseil d'anichiler.

6206

Portenteux fait, horrible & incroyable !
Typhon fera esmouuoir les meschans :
Qui puis apres soustenus par le cable,
Et la plus part exilez sur les champs.

6207

Droit mis au throsne du ciel venu en France,
Pacifié par vertu l'vniuers,
Plus sang espandre, bien tost tournée chance
Par les oyseaux, par feu, & non par vers.

6208 à 6211

6208

Les coulorez, les Sacres malcontens :
Puis tout à coup par Androgyns alegres,
De la plus part voir, non venu le temps,
Plusieurs d'entre eux feront leurs soupes maigres.

6209

Remis seront en leur pleine puissance,
D'vn point d'accord conioints, non accordez,
Tous defiez, plus aux Razes fiance,
Plusieurs d'entre eux à bande debordez.

6210

Par le Legat du terrestre & marin
La grande Cape à tout s'accommoder,
Estre à l'escoute tacite LORVARIN,
Qu'à son aduis ne voudra accorder.

6211

D'ennemy vent empeschera la troupe,
Le plus grand point mis auant difficil,
Vin de poison se mettra dans la coupe,
Passer sans mal de cheual gros foussil.

6212

6212
Par le cristal l'entreprise rompue,
Ieux & festins, de LOIN plus reposer,
Plus ne fera prés des Grands sa repue,
Subit catarrhe l'eau beniste arrouser.

6300 à 6303

6300

Le ver sain, sang, mais esmeu rien d'accord,
Infinis murtres, captifs, morts, preuenus,
Tant d'eau & peste, peu de tout sonnez cors,
Pris, morts, fuits, grands devenir, venus.

6301

Tant d'eau, tant morts, tant d'armes esmouuoir,
Rien d'accordé, le Grand tenu captif,
Que ſang humain, rage, fureur n'auoir,
Tard penitent, peste, guerre, motif.

6302

Des ennemis mort de langue s'approche,
Le Debonnaire en paix voudra reduire,
Les obstinez voudront perdre la poche,
Surpris, captifs, & suspects fureur nuire.

6303

Peres & meres morts de deuls infinis,
Femmes à deul, la pestilente monstre,
Le Grand plus n'estre, tout le monde finir,
Soubs paix, repos, & trestous alencontre.

6304 à 6307

6304

En debats Princes & Chrestienté esmeue,
Gentils estranges, siege à CHRIST molesté,
Venu tres mal : prou bien, mortelle veue,
Mort Orient, peste, faim, mal traité.

6305

Terre trembler, tué, prodige, monstre :
Captifs sans nombre, faire defaite, faite,
D'aller sur mer aduiendra malencontre,
Fier contre fier mal fait de contrefaire.

6306

L'inuiste bas fort lon molestera,
Gresle, inonder, thresor, & graué marbre,
Chef de suard peuple à mort tuera,
Et attachée sera la lame à l'arbre.

6307

De quel non mal ? inexcusable suite,
Le feu non deul, le Legat hors confus,
Au plus blessé ne sera faite luite,
La fin de Iun le fil coupé du fus.

6308 à 6311

6308

Bons finement affoiblis par accords,
Mars & Prelats vnis n'arresteront,
Les Grands confus, par dons incidez corps,
Dignes indignes bien indeus saisiront.

6309

De bien en mal le temps se changera,
Le pache d'Aust, des plus Grands esperance,
Des Grands deul, LVIS trop plus trebuchera,
Congnus Razes pouuoir ni congnoissance.

6310

Voicy le mois par maux tant à doubter,
Morts, tous saigner, peste, faim, quereller,
Ceux du rebours d'exil viendront noter,
Grands, secrets, morts, non de contreroller.

6311

Par mort mort mordre, conseil, vol, pestifere,
On n'osera Marius assaillir,
Deucalion vn dernier trouble faire,
Peu de gens ieunes : demi morts ressaillir.

6312

6312

Mort par despit fera les autres luire :
Et en haut lieu de grands maux advenir,
Tristes concepts à chacun viendront nuire,
Temporel digne, la Messe paruenir.

6400 à 6403

6400

L'an sextil pluyes froment abonder, haines,
Aux hommes ioye, Princes, Rois en diuorce,
Troupeau perir mutations humaines,
Peuple affoulé, & poison soubs l'escorce.

6401

Temps fort diuers, discorde descouuerte,
Conseil belliq, changement pris, changé,
La Grande n'estre, coniurez, par eau perte,
Grand simulté, tous au plus Grand rangé.

6402

Deluge grand, bruit de mort conspirée,
Renoué siecle, trois Grands en grand discord,
Par boutefeux la concorde empirée,
Pluye empeschant, conseils malins d'accord.

6403

Entre Rois haines on verra apparoistre,
Dissensions & guerres commencer,
Grands changemens, nouueau tumulte croistre,
L'ordre plebée on viendra offenser.

6404 à 6407

6404

Secret coniur, conspirer populaire,
La decouuerte en machine esmouuoir,
Contre les Grands…
Puis trucidée & mise sans pouuoir.

6405

Temps inconstant, fieures, peste, langueurs,
Guerres, debats, temps desolé sans feindre,
Submersions, Prince à mineurs rigueurs,
Felices Rois & Grands, autres mort craindre.

6406

Du lieu feu mis la peste & fuite naistre,
Temps variant, vent, la mort de trois Grands :
Du ciel grands foudres, estat des Razes paistre,
Vieil pres de mort, bois peu dedans vergans.

6407

En peril monde & Rois feliciter,
Razes esmeus, par conseil ce qu'estoit,
L'Eglise Rois pour eux peuple irriter,
Vn monstrera apres ce qu'il n'estoit.

6408 à 6411

6408

Deluge prés, peste bouine, neuue
Secte flechir aux hommes ioye vaine,
De loy sans loy mis au deuant pour preuue,
Apast, embuche : & deceus couper veine.

6409

Tout inonder, à la Razée perte,
Vol de mur, mort, de tous biens abondance,
Eschapera par manteau de couuerte.
Des neufs & vieux sera tournée chance.

6410

La bouche & gorge en seruides pustules,
De sept Grands cinq, toux distillante nuire,
Pluye si longue, à non mort tournent bulles,
Le Grand mourir, qui trestous faisoit luire.

6411

Par bruit de feu Grands & Vieux defaillir,
Peste assoupie, vne plus grande naistre,
Peste de l'Ara. foin caché, peu cueillir,
Mourir troupeau fertil, ioye hors prestre.

6412

6412
Alegre point, douce fureur au Sacre,
Enflez trois quatre & au costé mourir,
Voye defaillir, n'estre à demi au sacre :
Par sept & trois, & par quinte courir.

6500 à 6503

6500

Pire cent fois cest an que l'an passé,
Mesme aux plus Grands du regne & de l'Esglise,
Maux infinis, mort, exil, ruine, cassé,
A mort Grande estre, peste, playes & bile.

6501

Neiges, rouillure, pluyes & playes grandes,
Aux plus Grands ioye, pestilence insopie,
Semences, grains beaucoup, & plus de bandes,
S'apresteront, simulté n'amortie.

6502

Entre les Grands naistre grande discorde,
Le Clerc procere vn grand cas brassera :
Nouuelles sectes mettre en haine & discorde,
Tout peuple guerre & change offensera.

6503

Secret coniur, changement perilleux,
Secrettement conspirer factions,
Pluyes, grands vents, playes par orgueilleux,
Inonder fleuues, pestifere actions.

6504 à 6507

6504

Pulluler peste, les Sectes s'entrebatre,
Temps moderé, l'hiuer peu de retour,
De messe & presche grieuement soy debatre,
Inonder fluues, maux mortels tout autour.

6505

Au menu peuple par debats & querelles,
Et par les femmes & defunts grande guerre,
Mort d'vne Grande, celebrer escrouëlles,
Plus grandes dames expulsées de terre.

6506

Viduité tant masles que femelles,
De grands Monarques la vie pericliter,
Peste, fer, faim, grand peril pesle - mesle,
Troubles par changes, petits Grands conciter.

6507

Gresle, rouillure, pluyes & grandes playes
Preseruer femmes, seront cause du bruit.
Mort de plusieurs peste, fer, faim par hayes,
Ciel sera veu qu'on dira qu'il reluit.

6508 à 6511

6508

Point ne sera le grain à suffisance,
La mort s'approche à neiger plus que blanc,
Sterilité, grain pourri, d'eau bondance,
Le Grand blessé, plusieurs de mort de flanc.

6509

Guere de fruits, ni grain, arbres & arbrisseaux,
Grand volataille, procere stimuler,
Tant temporel que Prelat leonceaux,
TOLANDAD vaincre, proceres reculer.

6510

Du tout changé, persecuter l'vn quatre,
Hors maladie, bien loin mortalité,
Des quatre deux plus ne viendront debatre,
Exil, ruine, mort, faim, perplexité.

6511

Des Grands le nombre plus grand ne sera tant,
Grands changemens, commotions, fer, peste,
Le peu deuis : prestez, payez contant,
Mois opposite gelée fort moleste.

6512

6512
Forte gelée, glace plus que concorde,
Vefues matrones, feu, deploration,
Ieux, esbats, ioye, Mars citera discorde,
Par mariages bonne expectation.

6600 à 6603

6600

Aux plus grands mort, iacture d'honneur, & uiolence
Professeurs de la foy, leur estat, & leur secte,
Aux deux grandes eglises, diuers bruit, decadence,
Maux, uoisins querellans, serfs d'eglise sans teste.

6601

Perte, iacture grande, & non sans uiolance
A tous ceux de la Foy, plus à religion :
Les plus grand perdront uie, leur honneur & cheuance,
Toutes les deux eglises, la coulpe à leur faction.

6602

A deux fort grande naistre perte pernicieuse
Les plus grands seront perte biens, d'honneur, & de uie,
Tant grands bruits couriront, l'une trop odieuse,
Grands maladies estre messe presche en enuie.

6603

Les seruants des eglises leurs Seigneurs trahiront
D'autres Seigneurs aussi par l'indiuis des champs,
Voisins de presche & messe entre eux querelleront,
Rumeurs, bruits augmenter, à mort plusieurs couchants.

6604 à 6607

6604

De tous biens abondance terre nous produira :
Nul bruit de Guerre en France ormis seditions :
Homicides, uoleurs par uoye on trouuera :
Peu de foy : fieure ardante : peuple en esmotion.

6605

Entre peuple discorde inimitié brutale
Guerre, mort de grands princes, plusieurs pars d'Italie,
Vniuerselle playe, plus fort occidentale :
Tempore bonne & pleine, mais fort seiche tarie.

6606

Les bleds trop n'abonder de tous autres fruits force
L'estè printemps humides, hyuer long, neige, glace :
L'orient mis en armes : la France se renforce :
Mort de bestail, prou miel : aux assiegés la place.

6607

Par pestilence & feu, fruits d'arbres periront :
Signe d'huile abonder : pere Denis non gueres :
Des grands mourir mais peu estrangers sailliront :
Insult marin barbare : & dangers de frontieres.

6608 à 6611

6608

Pluies fort excessiues, & de biens abondance :
De bestail pris iust estre : femmes hors de danger :
Gresles, pluyes, tonnerres : peuple abatu en France :
Par mort trauailleront : mort peuple corriger.

6609

Armes, plaies cesser : mort de seditieux :
Le pere Liber grand, non trop abondera :
Malins seront saisis par plus malicieux :
France plus que iamais uictrix triomphera.

6610

Iusqu'à ce mois durer la seicheresse grande,
A l'Itale & Prouence : des fruits tous à demy :
Le grand moins d'ennemis : prisonnier de leur bande :
Aux escumeurs pyrates, & mourir l'ennemy.

6611

L'ennemy tant à craindre retirer en Thracie
Laissant cris hurlemens, & pille desolée :
Cesser bruit mer & terre, religion Murtie :
Iouiaux unis en route : toute ceste affolée.

6612

6612

Mars posera les armes : prestres non trop contens :
Malheur sur gens d'eglise tant du presche que messe :
La messe au sus sera. Dieu seul omnipotent
Appaisera le tout, mais non sans grand destresse.

6700 à 6703

6700

Mort, maladie aux ieunes femmes, rheumes
De teste aux yeux, malheur marchands de terre,
De mer infaust, semes mal, vin par brumes,
Prou huile, trop de pluye, aux fruits moleste guerre.

6701

Prisons, secrets ennuis, entre proches discorde,
La vie on donnera, par mal diuers catarrhes,
La mort s'en ensuiura, poison fera concorde,
Frayeur, poeur, crainte grade, voyageât lairra d'arres.

6702

Prisons par ennemis occults & manifestes,
Voyage ne tiendra, inimitié mortelle,
L'amour trois, simultez, secret, publiques sectes,
Le rompu ruiné, l'eau rompra la querelle.

6703

Les ennemis publics, nopces & mariage :
La mort aprés, l'enrichi par les morts,
Les grands amis se monstrer au passage,
Deux sectes iargonner, de surpris tards remords.

6704 à 6707

6704

Par grandes maladies religion fachée,
Par les enfants & legats d'Ambassade,
Don donné à indigne, nouuelle loy lachée,
Biens de vieux peres, Roy en bonne contrade.

6705

Du père au fils s'approche : Magistrats dits seueres,
Les grandes nopces, ennemis garbelans,
De latens mis auant, pour la foy d'improperes,
Les bons amis & femmes contre tels groumelans.

6706

Par le thresor trouué l'heritage du pere,
Les Rois & Magistrats, les nopces, ennemis,
Le public mal – veuillant, les Iuges & le Maire :
La mort, poeur & frayeur, & trois Grands à mort mis.

6707

Encor la mort s'approche, don royal & Legat,
On dressera ce qu'est, par vieillesse, en ruine,
Les ieunes hoirs, de soupcon nul legat,
Thresor trouué en plastres & cuisine.

6708 à 6711

6708

Les ennemis secrets seront emprisonnez :
Les Rois & Magistrats y tiendront la main seure,
La vie de plusieurs, santé, malade yeux, nez,
Les deux Grands s'en iront bien loin à la male heure.

6709

Longues langueurs de teste, nopces, ennemi publique
Par Prelat & voyage, songe du Grand, terreur,
Feu & ruine grande, trouué en lieu oblique.
Par torrent de couuert, sortir noues erreurs.

6710

Les Rois & Magistrats par les morts la main mettre,
Ieunes filles malades, & des Grands le corps enfle,
Tout par langueurs & nopces, ennemis serfs au maistre,
Les publiques douleurs, le Composeur tout enfle.

6711

Du retour d'Ambassade, don de Roy, mis au lieu,
Plus n'en fera : fera allé à DIEV,
Parens plus proches, amis, freres du sang
Trouué tout mort pres du lict & du banc.

6712 à 6714

6712

Enfans, freres & soeurs, amis thresor trouvé :
Le ieune le Prelat, le Legat & voyage,
La maladie, la femme aura prouvé
Que pour la mort changera de visage.

6713

Un triste estat sera, toute stats & des sectes
Entre freres & soeurs inimitié, discorde,
Thresors & libertez, plus apparents les testes
Seicheresse l'Esté, mourir ceci à corde.

6714

Mourir celuy qui ceci bien accorde...

FIN